THE COMPLETE
O Holy Night

ISBN 978-0-7935-2949-8

HAL•LEONARD®
CORPORATION
7777 W. BLUEMOUND RD. P.O. BOX 13819 MILWAUKEE, WI 53213

THE COMPLETE
O Holy Night

◆

With Piano Accompaniment:

◆

With Organ Accompaniment:

◆

ABOUT THE COMPOSER...

Adolphe Adam, born in Paris in 1803, was the most important and successful composer of French ballet music in the 19th century. Trained at the Paris Conservatoire, at an early age he decided to devote his life to writing music for the theatre. By the age of 20 his songs in a lighter style were heard in the Parisian vaudeville theatres. His first opera was produced in 1829. Although today he is best known as a ballet composer, especially of the perennial favorite *Giselle,* Adam spent most of his life writing operas. After quarrelling with the director of the most important opera house in Paris, the Opéra-Comique, in 1847 the composer launched his own opera company. Unfortunately, a few months later the revolutions of 1848 forced the closing of the new venture, leaving Adam in enormous personal debt. He turned to writing reviews and articles about the arts to earn money, and also began teaching composition at the Paris Conservatoire. After a few difficult years of financial struggle, by 1852 Adam had several successive productions of operas and ballets that enabled him to pay his debts. Throughout his life the composer also kept his hand in the lighter music of the day, writing songs for operettas and revues, and making arrangements of many kinds for publication. Adam unexpectedly died in his sleep in 1856 at the age of 52.

In December of 1847, Placide Cappeau, a commissionaire of wines and part-time poet from southern France, travelled to Paris to visit Adam, who consented to set to music Cappeau's just completed Christmas poem. The result, "Cantique de Noël," better known as "O Holy Night" to many, was never published in Adam's lifetime, and didn't appear in print until 1858. The song became popular in London and Paris, and soon was heard in the U.S. The standard English translation is by John S. Dwight (1813-1893), who was, incidentally, co-founder of the Harvard Music Society.

O Holy Night
(Cantique de Noël)
High Voice with Organ

ADOLPHE ADAM

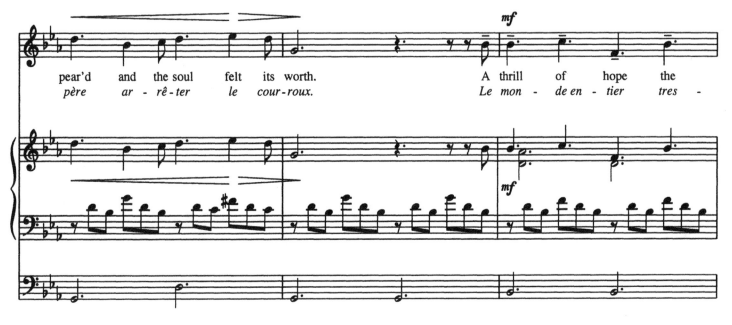

pear'd and the soul felt its worth.
père ar - rê - ter le cour - roux.

A thrill of hope the
Le mon - de en - tier tres -

wea - ry world re - joic - es, For yon - der breaks a new and glo - rious morn. ____
sail - les d'es - pé - ran - ce A cet - te nuit qui lui donne un sau - veur. ____

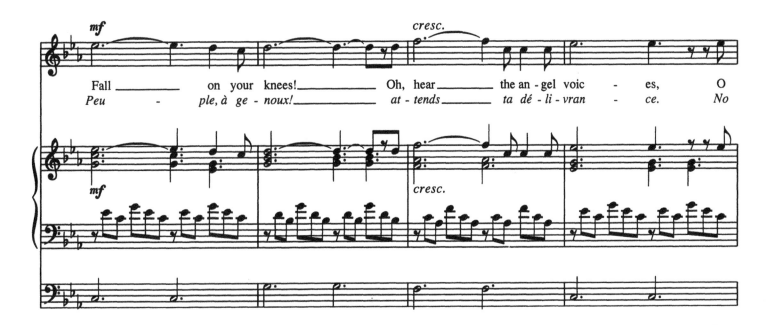

Fall ____ on your knees! ____ Oh, hear ____ the an - gel voic - es, O
Peu - ple, à ge - noux! ____ at - tends ____ ta dé - li - vran - ce. No

night _____ di - vine, _____ O night _____ when Christ was
ël! _____ No - ël! _____ voi - ci _____ le Ré - demp-

born, _____ O night _____ di - vine, _____ O
teur, _____ No - ël! _____ No - ël! _____ voi -

night, O __ night di - vine.
ci le __ Ré-demp-teur.

1. Led by the light ___ of Faith se-rene - ly beam - ing, With glow - ing
2. Tru - ly He taught us to love one an - oth - er; His law is
1. De no - tre fois ___ que la lu-mière ar - den - te nous gui - de
2. Le Ré - dem-teur a bri-sé toute en-tra - ve, La terre est

hearts by His cra - dle we stand;
love and His gos - pel is peace.
tous au ber-ceau de l'en-fant;
li - bre et le ciel est ou - vert.

So, led by
Chains shall he
comme au - tre
Il voit un

light of a star sweet - ly gleam - ing, Here came the wise - man ___ from the O - rient
break, for the slave is our broth - er, And in His name ___ all op-pres - sion shall
fois une é-toi - le bril-lan - te y con-dui-sit les ___ chefs de l'o - ri-
fré - re où n'é-tait qu'un es-cla - - ve, L'a-mour u - nit ceux ___ qu'en-chaî-nait le

land.
cease.
ent.
fer.

The King of Kings lay thus in low - ly man - ger, In
Sweet hymns of joy in grate - ful cho - rus raise we, Let
Le Roi des Rois naît dans une hum - ble crè - che; puis-
Qui lui di - ra no - tre re-con - nais-san - ce? C'est

all our tri - als born to be our friend; ___ He ___ knows our
all with - in us praise His ho - ly name. ___ Christ ___ is the
sants du jour, fiers de vo-tre gran-deur, ___ à ___ vo - tre or-
pour nous tous qu'il naît, qu'il souf - fre et meurt. ___ Peu ___ ple, de-

need, ___ to our weak - - ness no stran - ger; Be-
Lord, ___ then ev - er, ev - er praise we. His
gueil ___ c'est de là ___ qu'un Dieu prê - che; cour-
bout, ___ chan - te ta dé - li - vran - ce, No-

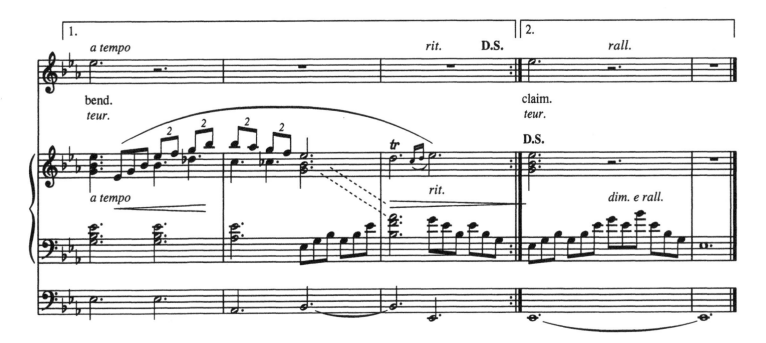

O Holy Night
(Cantique de Noël)
Medium Voice with Organ

ADOLPHE ADAM

pear'd and the soul felt its worth.
père ar - rê - ter le cour - roux.

A thrill of hope the

wea - ry world re-joic - es, For yon - der breaks a new and glo - rious morn.
sail - les d'es - pé - ran - ce A cet - te nuit qui lui donne un sau - veur.

Fall on your knees! Oh, hear the an - gel voic - es, O
Peu - ple, à ge - noux! at - tends ta dé - li - vran - ce. No

night _____ di - vine, _____ O night _____ when Christ was
ël! _____ No - ël! _____ voi - ci _____ le Ré - demp-

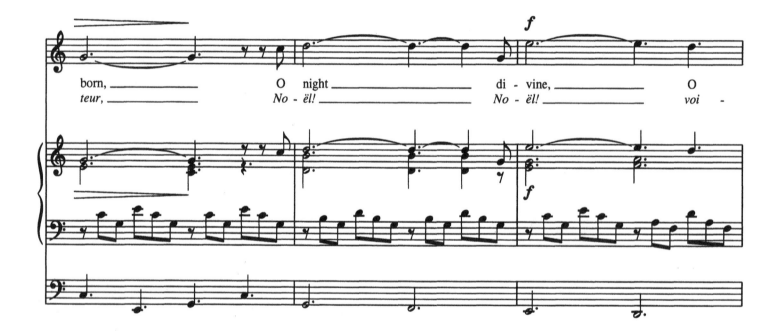

born, _____ O night _____ di - vine, _____ O
teur, _____ No - ël! _____ No - ël! _____ voi -

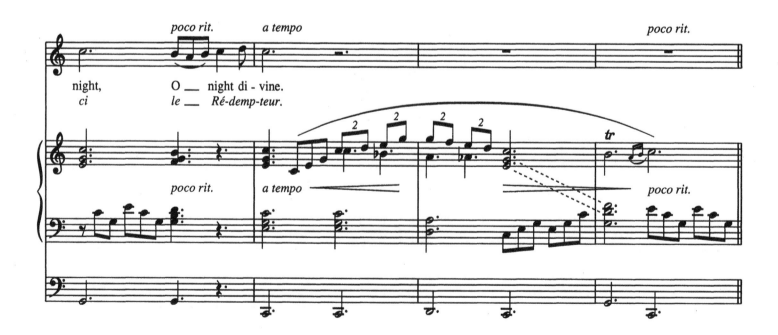

night, _____ O __ night di - vine.
ci _____ le __ Ré-demp-teur.

1. Led by the light ____ of Faith se-rene - ly beam - ing, With glow - ing
2. Tru - ly He taught us to love one an - oth - er; His law is
1. De no - tre fois ____ que la lu-mière ar - den - te nous gui - de
2. Le Ré - dem-teur a bri - sé toute en - tra - ve, La terre est

hearts by His cra - dle we stand; So, led by
love and His gos - pel is peace. Chains shall he
tous au ber-ceau de l'en-fant; *comme au - tre*
li - bre et le ciel est ou - vert. *Il voit un*

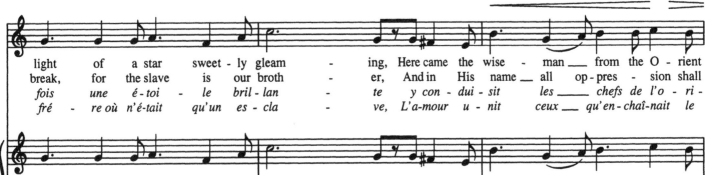

light of a star sweet - ly gleam - ing, Here came the wise - man ____ from the O - rient
break, for the slave is our broth - er, And in His name ____ all op-pres - sion shall
fois une é - toi - le bril - lan - te y con-dui-sit les ____ chefs de l'o - ri-
fré - re où n'é-tait qu'un es - cla - ve, L'a-mour u - nit ceux ____ qu'en-chaî-nait le

land. | The King of Kings lay thus in low - ly man - ger, In
cease. | Sweet hymns of joy in grate - ful cho - rus raise we, Let
ent. | *Le Roi des Rois naît dans une hum - ble crè - che; puis-*
fer. | *Qui lui di - ra no - tre re-con - nais-san - ce? C'est*

all our tri - als born to be our friend; ___ He ___ knows our
all with - in us praise His ho - ly name. ___ Christ ___ is the
sants du jour, fiers de vo-tre gran-deur, ___ à ___ vo - tre or-
pour nous tous qu'il naît, qu'il souf - fre et meurt. ___ Peu - ple, de-

need, ___ to our weak - ness no stran - ger; Be -
Lord, ___ then ev - er, ev - er praise we. His
gueil ___ c'est de la ___ qu'un Dieu prê - che; cour-
bout, ___ chan - te ta dé - li - vran - ce, No-

hold _____ your King, _____ be - fore _____ the low - ly
pow'r _____ and glo - ry __ ev - er-more pro - le
bez _____ vos fronts _____ de - vant _____ le Ré - demp-
ël! _____ No - ël! _____ chan - tons _____ le Ré - demp-

bend. _____ Be - hold _____ your King, _____ your King, be - fore Him
claim. _____ His pow'r _____ and glo - ry ev - er-more ___ pro - le
teur, _____ cour - bez _____ vos fronts _____ de - vant le ___ Ré - demp-
teur, _____ No - ël! _____ No - ël! _____ chan - tons le ___ Ré - demp-

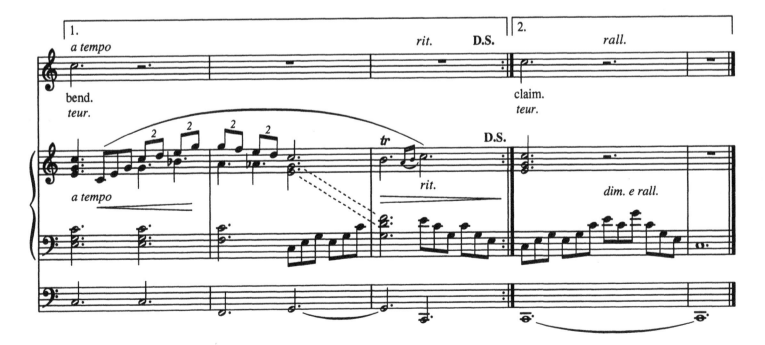

bend.
teur.

claim.
teur.

O Holy Night

(Cantique de Noël)

Low Voice with Organ

ADOLPHE ADAM

O ho - ly night! ____ the stars are bright-ly
Mi-nuit, ____ Chré - tien, ____ c'est l'heu-re so - len -

shin - ing, It is the night of our dear Sav - iour's birth;
nel - le Où l'Hom-me Dieu des - cen-dit jus - qu'à nous;

Long lay the world ____ in sin and er - ror pin - ing, Till he ap -
Pour ef - fe - cer ____ la tache o - ri - gi - nel - le Et de son

Lyrics:

pear'd and the soul felt its worth.
père ar-rê-ter le cour-roux.

A thrill of hope the

wea-ry world re-joic - es, For yon - der breaks a new and glo-rious morn.
sail - les d'es-pé-ran - ce A cet - te nuit qui lui donne un sau-veur.

Fall on your knees! Oh, hear the an-gel voic - es, O
Peu - ple, à ge-noux! at-tends ta dé-li-vran - ce. No

night _____ di - vine, _____ O night _____ when Christ was
ël! _____ No - ël! _____ voi - ci _____ le Ré - demp-

born, _____ O night _____ di - vine, _____ O
teur, _____ No - ël! _____ No - ël! _____ voi -

night, O ___ night di - vine.
ci le ___ Ré-demp-teur.

Lyrics (verses 1 and 2, English and French):

1. Led by the light of Faith se-rene-ly beam - ing, With glow-ing hearts by His cra-dle we stand;
2. Tru-ly He taught us to love one an-oth - er; His law is love and His gos-pel is peace.

1. De no-tre fois que la lu-mière ar-den - te nous gui-de tous au ber-ceau de l'en-fant;
2. Le Ré-dem-teur a bri-sé toute en-tra - ve, La terre est li - bre et le ciel est ou-vert.

So, led by light of a star sweet-ly gleam - ing, Here came the wise-man from the O - rient
Chains shall he break, for the slave is our broth - er, And in His name all op-pres - sion shall

Il voit un fois une é-toi-le bril-lan - te y con-dui-sit les chefs de l'o - ri-
comme au-tre frè - re où n'é-tait qu'un es-cla - ve, L'a-mour u - nit ceux qu'en-chaî-nait le

land.
cease.
ent.
fer.

The King of Kings lay thus in low - ly man - ger, In
Sweet hymns of joy in grate - ful cho - rus raise we, Let
Le Roi des Rois naît dans une hum - ble crè - che; puis -
Qui lui di - ra no - tre re-con - nais-san - ce? C'est

all our tri - als born to be our friend; ___ He ___ knows our
all with - in us praise His ho - ly name. ___ Christ ___ is the
sants du jour, fiers de vo-tre gran-deur, ___ à ___ vo - tre or -
pour nous tous qu'il naît, qu'il souf - fre et meurt. ___ Peu - ple, de -

need, ___ to our weak - ness no stran - ger; Be -
Lord, ___ then ev - er, ev - er praise we. His
gueil ___ c'est de là ___ qu'un Dieu prê - che; cour -
bout, ___ chan - te ta dé - li - vran - ce, No -

hold _____ your King, _____ be - fore _____ the low - ly
pow'r _____ and glo - ry __ ev - er - more pro - le
bez _____ vos fronts _____ de - vant _____ le Ré - demp-
ël! _____ No - ël! _____ chan - tons _____ le Ré - demp-

bend. _____ Be - hold _____ your King, _____ your King, be - fore Him
claim. _____ His pow'r _____ and glo - ry ev - er - more __ pro - le
teur, _____ cour - bez _____ vos fronts _____ de - vant __ le __ Ré - demp-
teur, _____ No - ël! _____ No . ël! _____ chan - tons __ le __ Ré - demp-

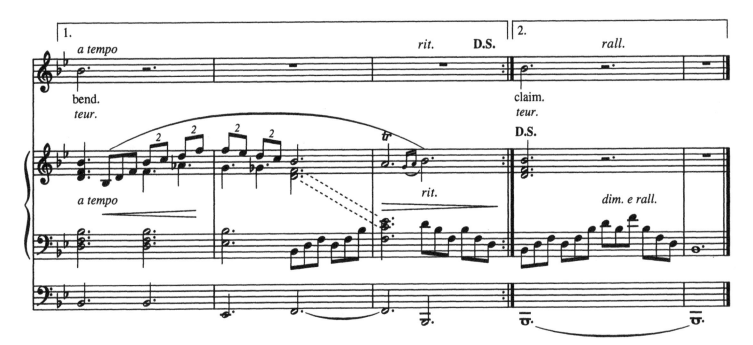

bend.
teur.

claim.
teur.

O HOLY NIGHT
(Cantique de Noël)
High Voice with Piano

Adolphe Adam

pin - ing, Till he ap-pear'd and the soul felt its
nel - le Et de son père ar - rê - ter le its cour -

worth. A thrill of hope the
roux. Le mon - de en - tier tres -

wear - y world re-joic - es, For yon - der breaks a
sail - le d'es - pé - ran - ce A cet - te nuit qui

new and glo - rious morn._____ Fall _____ on your
lui donne un sau - veur._____ Peu - - ple, à ge -

knees! _____ Oh hear _____ the an - gel
noux! _____ *at - tends* _____ *ta dé - li -*

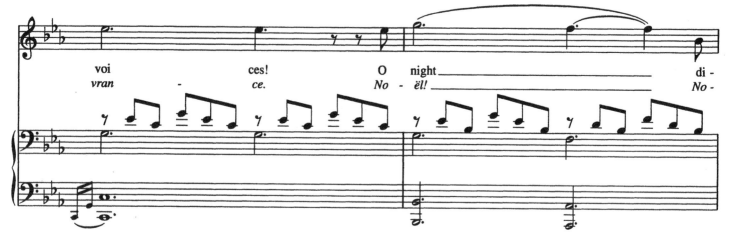

voi _____ ces! O night _____ di -
vran - ce. *No - ël!* _____ *No -*

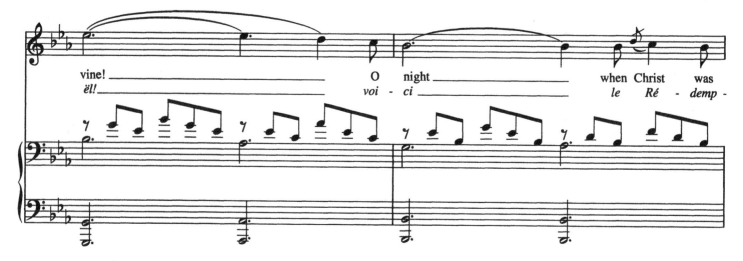

vine! _____ O night _____ when Christ was
ël! _____ *voi - ci* _____ *le Ré - demp -*

cresc.

born, _____ O night _____ di -
teur, _____ *No - ël!* _____ *No -*

cresc.

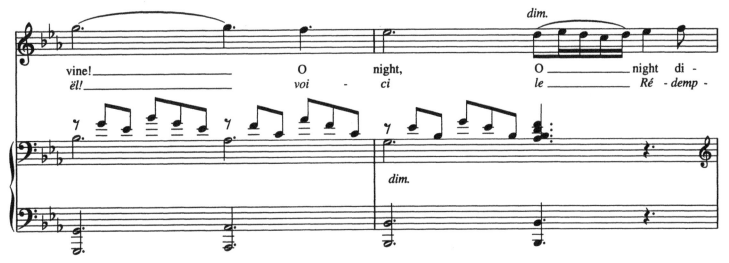

vine!_____ O night,   O_____ night di-
ël!_____ voi - ci   le_____ Ré - demp-

vine.
teur.

Led   by   the
De   no -   tre

light_____   of Faith se - rene - ly beam - ing, With glow - ing
foi_____   que la lu - mière ar - den - te nous gui - de

hearts by his cra - dle we stand;
tous au ber - ceau de l'en - fant

So, led by light of a star sweet - ly
comme au - tre - fois une é - toi - le - bril -

gleam - ing, Here came the wise men from _____ the O - rient
lan - te y con - dui - sit les chefs _____ de l'o - ri -

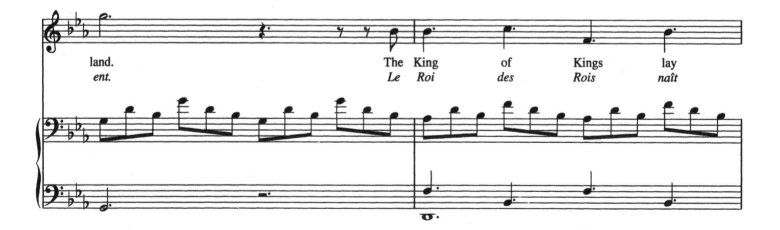

land. The King of Kings lay
ent. Le Roi des Rois naît

thus in low - ly man - ger, In all our trials is
dans une hum - ble crè - che; puis - sants du jour, fiers

born to be our friend; _____ He _____ knows our
de vo - tre gran - deur, _____ à _____ vo - tre or-

need, _____ to our weak - ness no
gueil _____ c'est de là _____ qu'un Dieu

stran - ger; Be - hold _____ your
prê - che; cour - bez _____ vos

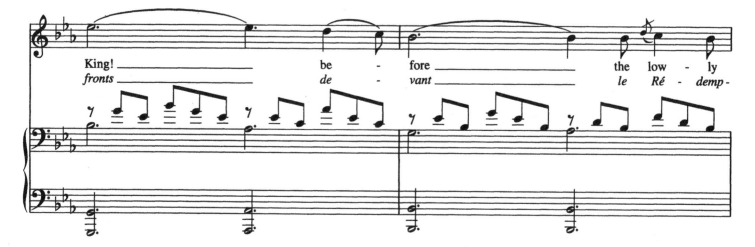

King! _____ be - fore _____ the low - ly
fronts _____ *de - vant* _____ *le Ré - demp-*

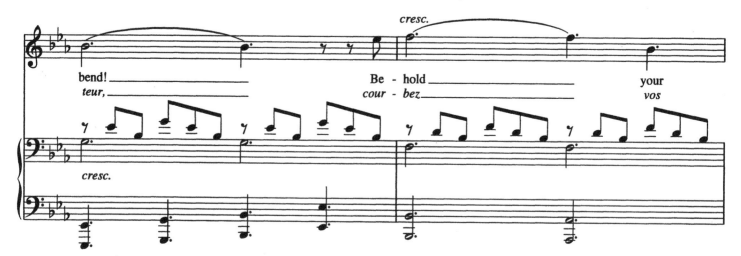

cresc.

bend! _____ Be - hold _____ your
teur, _____ *cour - bez* _____ *vos*

cresc.

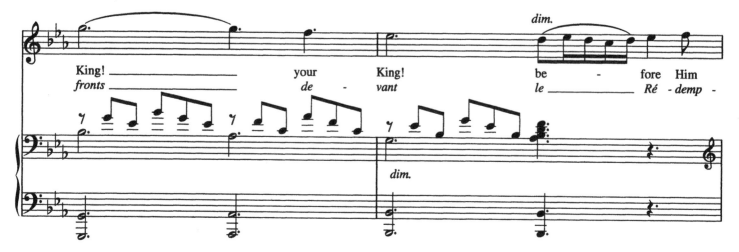

dim.

King! _____ your King! be - fore Him
fronts _____ *de - vant* *le* _____ *Ré - demp-*

dim.

bend!
teur.

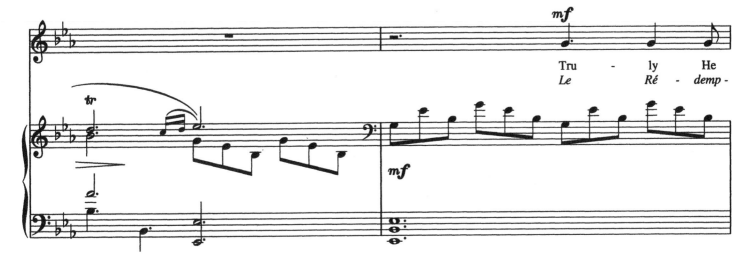

Tru - ly He
Le Ré - demp -

taught us to love one an - oth - er; His law is
teur a bri - sé toute en - tra - ve, La terre est

love and His Gos - pel is Peace.
li - bre et le ciel est ou - vert.

Chains shall He break, for the slave is our
Il voit un frè - re où n'é - tait qu'un es -

32

broth - er, And in His name ____ all op - pres - sion shall
cla - ve, L'a - mour u - nit____ ceux qu'en-chaî - nait le

cease. Sweet hymns of joy in
fer. Qui lui di - ra no -

grate - ful cho - rus raise we, Let all with - in us
tre re - con - nais - san - ce? C'est pour nous tous qu'il

praise His Ho - ly name. ____ Fall ____ on your
naît, qu'il souf - fre et meurt. ____ Peu - - ple, de -

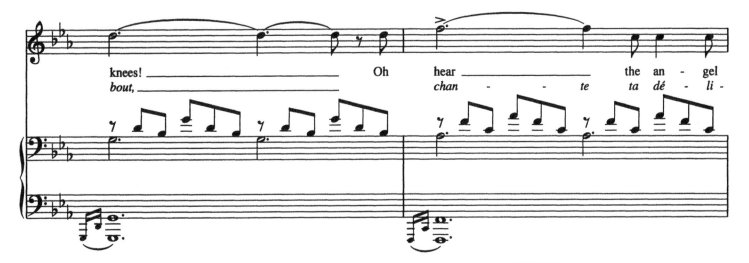

knees! _____ Oh hear _____ the an - gel
bout, _____ chan - te ta dé - li -

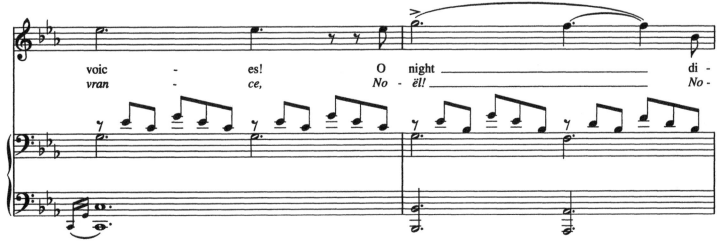

voic - es! O night _____ di -
vran - ce, No - ël! _____ No -

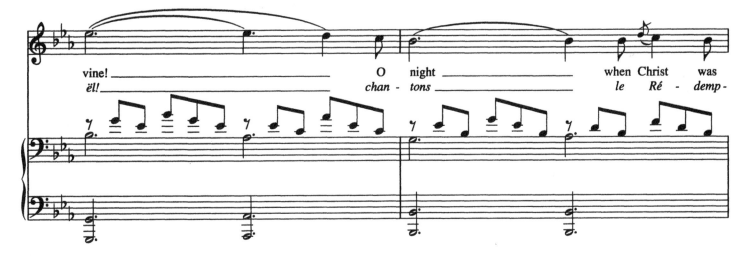

vine! _____ O night _____ when Christ was
ël! _____ chan - tons _____ le Ré - demp -

born, _____ O night _____ di -
teur, _____ No - ël! _____ No -

cresc.

cresc.

34

vine! _____ O ___ night, O _____ night di -
ël! _____ chan - tons le _____ Ré - demp-

vine!
teur.

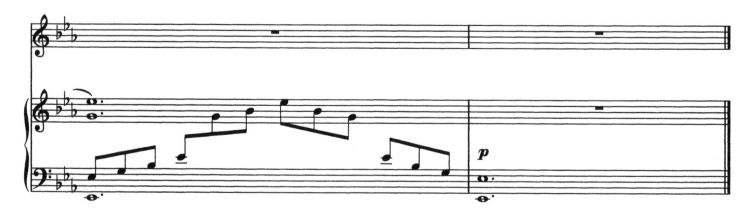

O HOLY NIGHT
(Cantique de Noël)
Medium Voice with Piano

Adolphe Adam

O ho - ly night! The stars are bright-ly shin - ing, It is the night of our dear Sav - iour's birth; Long lay the world in sin and er - ror

Mi - nuit, Chré - tien, c'est l'heu - re so - len - nel - le Où l'Hom - me Dieu des - cen - dit jus - qu'a nous, Pour ef - fa - cer la ta - che o - ri - gi -

pin - - ing, Till he ap - pear'd and the soul felt its
nel - - le Et de son père ar - rê - ter le cour -

worth. A thrill of hope the
roux. Le mon - de en - tier tres -

wear - y world re - joic - es, For yon - der breaks a
sail - le d'es - pé - ran - ce A cet - te nuit qui

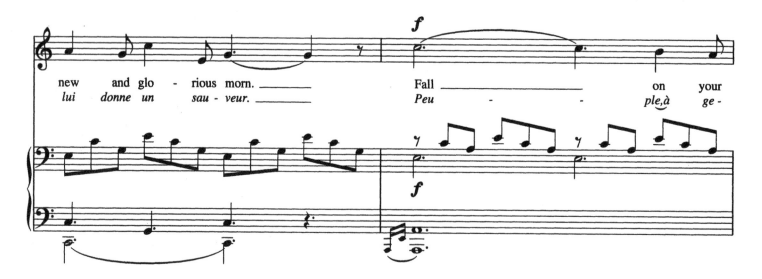

new and glo - rious morn. _____ Fall _____ on your
lui donne un sau - veur. _____ Peu - - ple, à ge -

vine! _____ O night, O _____ night di -
ël! _____ voi - ci le _____ Ré - demp -

vine.
teur.

Led by the
De no - tre

light _____ of Faith se - rene - ly beam - ing, With glow - ing
foi _____ que la lu - mière ar - den - te nous gui - de

hearts by his cra - dle we stand;
tous au ber - ceau de l'en - fant

So, led by light of a star sweet - ly
comme au - tre - fois une é - toi - le - bril -

gleam - ing, Here came the wise men from _____ the O - rient
lan - te y con - dui - sit les chefs _____ de l'o - ri -

land. The King of Kings lay
ent. Le Roi des Rois naît

thus in low - ly man - ger, In all our trials is
dans une hum - ble crè - che; puis - sants du jour, fiers

born to be our friend; _____ He _____ knows our
de vo - tre gran - deur, _____ à _____ vo - tre or -

need, _____ to our weak - ness no
gueil _____ c'est de là _____ qu'un Dieu

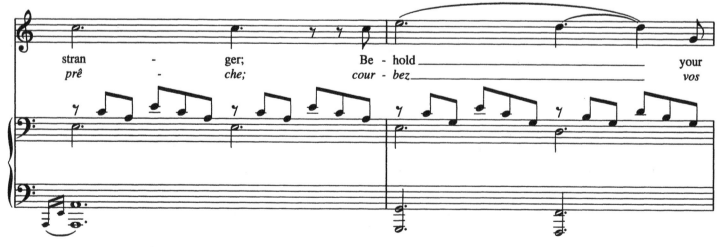

stran - ger; Be - hold _____ your
prê - che; cour - bez _____ vos

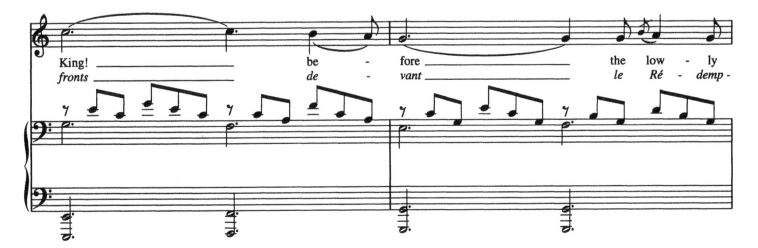

King! _____ be - fore _____ the low - ly
fronts _____ de - vant _____ le Ré - demp -

bend! _____ Be - hold _____ your
teur, _____ cour - bez _____ vos

cresc.

King! _____ your King! be - fore Him
fronts _____ de - vant le _____ Ré - demp -

dim.

bend!
teur.

Tru - ly He taught us to love one an - oth - er; His law is love and His Gos - pel is Peace. Chains shall He break, for the slave is our

Le Ré - demp - teur a bri - sé toute en - tra - ve, La terre est li - bre et le ciel est ou - vert. Il voit un frè - re où n'é - tait qu'un es -

broth - er, And in His name____ all op - pres - sion shall
cla - ve, L'a - mour u - nit____ ceux qu'en-chaî - nait le

cease. Sweet hymns of joy in
fer. Qui lui di - ra no -

grate - ful cho - rus raise we, Let all with - in us
tre re - con - nais-san - ce? C'est pour nous tous qu'il

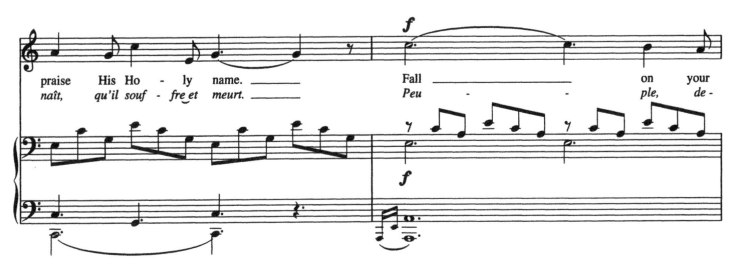

praise His Ho - ly name. ____ Fall ____ on your
naît, qu'il souf - fre et meurt. ____ Peu - ple, de -

44

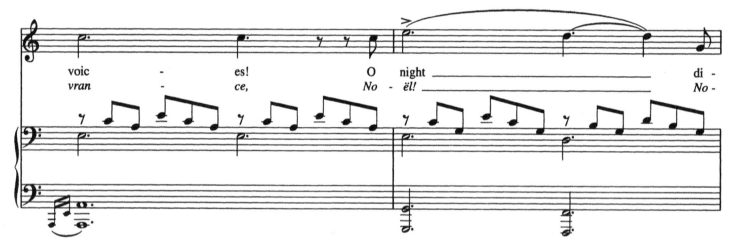

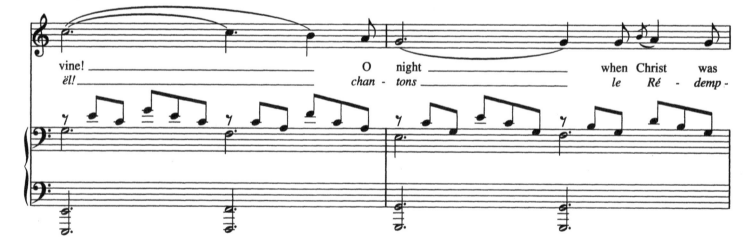

vine! _____ O ___ night, O _____ night di -
ël! _____ chan - tons le _____ Ré - demp -

vine!
teur.

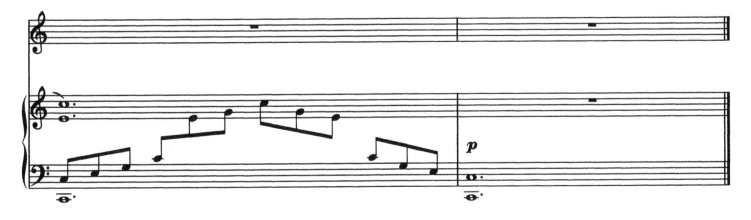

O HOLY NIGHT

(Cantique de Noël)
Low Voice with Piano

Adolphe Adam

pin - ing, Till he ap-pear'd and the soul felt its
nel - le Et de son père ar - rê - ter le cour -

worth. A thrill of hope the
roux. Le mon - de en - tier tres -

cresc.

wear - y world re-joic - es, For yon - der breaks a
sail - le d'es - pé - ran - ce A cet - te nuit qui

cresc.

f

new and glo - rious morn._____ Fall_____ on your
lui donne un sau - veur._____ Peu - - ple,à ge -

f

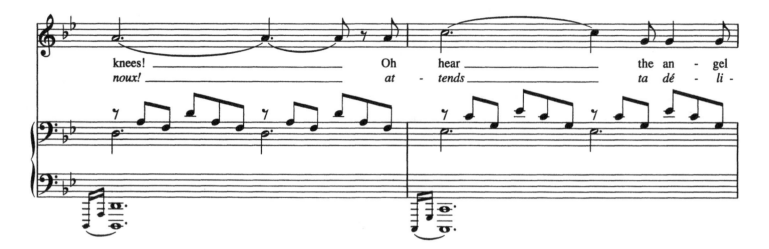

knees! _____ Oh hear _____ the an - gel
noux! _____ *at - tends* _____ *ta dé - li -*

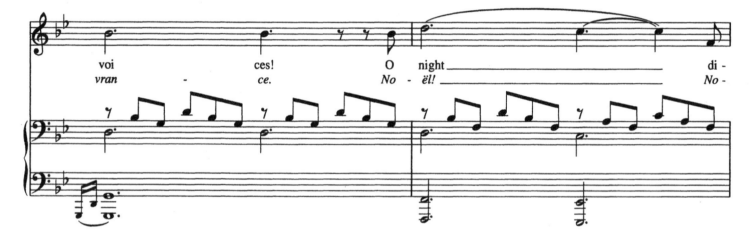

voi _____ ces! O night _____ di -
vran - ce. *No - ël!* _____ *No -*

vine! _____ O night _____ when Christ was
ël! _____ *voi - ci* _____ *le Ré - demp -*

cresc.

born, _____ O night _____ di
teur, _____ *No - ël!* _____ *No -*

cresc.

49

hearts by his cra - dle we stand;
tous au ber - ceau de l'en - fant

So, led by light of a star sweet - ly
comme au - tre - fois une é - toi - le - bril -

gleam - ing, Here came the wise men from _____ the O - rient
lan - te y con - dui - sit les chefs _____ de l'o - ri -

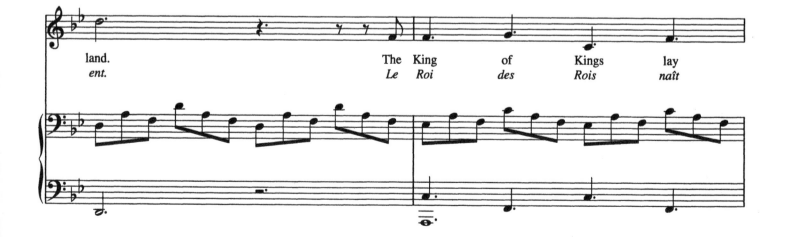

land. The King of Kings lay
ent. Le Roi des Rois naît

thus in low - ly man - ger, In all our trials is
dans une hum - ble crè - che; puis - sants du jour, fiers

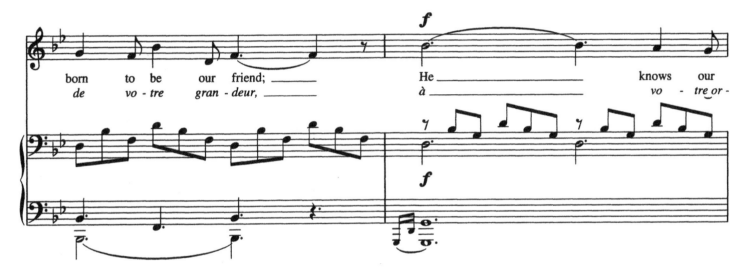

born to be our friend; _____ He _____ knows our
de vo - tre gran - deur, _____ à _____ vo - tre or -

need, _____ to our weak - ness no
gueil _____ c'est de là _____ qu'un Dieu

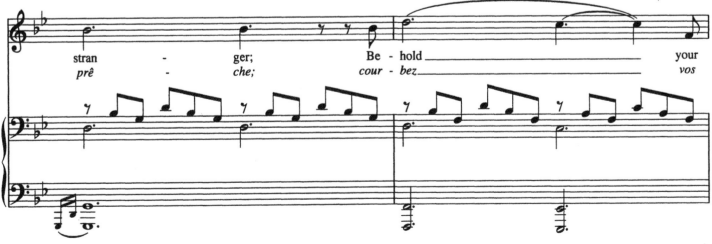

stran - ger; Be - hold _____ your
prê - che; cour - bez _____ vos

52

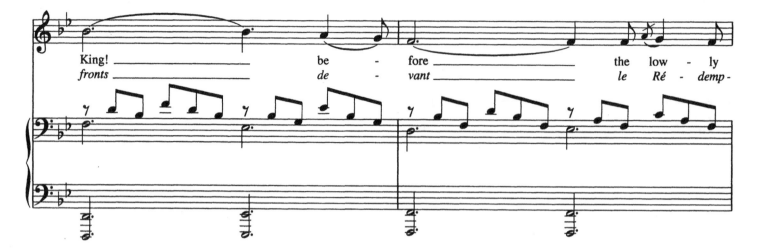

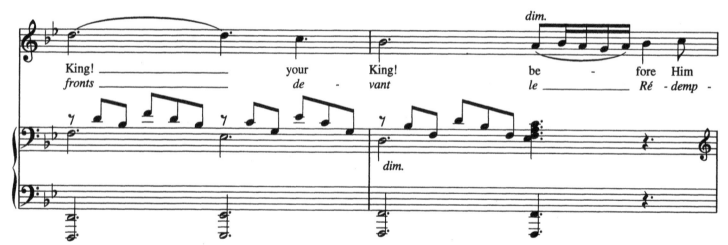

Tru - ly He
Le Ré - demp -

taught us to love one an - oth - er; His law is
teur a bri - sé toute en - tra - ve, La terre est

love and His Gos - pel is Peace.
li - bre et le ciel est ou - vert.

Chains shall He break, for the slave is our
Il voit un frè - re où n'é - tait qu'un es -

broth - er, And in His name ___ all op - pres - sion shall
cla - ve, L'a - mour u - nit ___ ceux qu'en-chaî - nait le

cease. Sweet hymns of joy in
fer. Qui lui di - ra no -

grate - ful cho - rus raise we, Let all with - in us
tre re - con - nais - san - ce? C'est pour nous tous qu'il

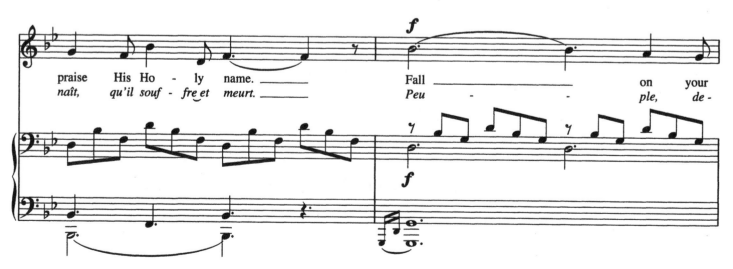

praise His Ho - ly name. ___ Fall ___ on your
naît, qu'il souf - fre et meurt. ___ Peu - ple, de -

knees! _____ Oh hear _____ the an - gel
bout, _____ *chan* \- _____ *te ta dé* - *li* -

voic \- _____ es! O night _____ di -
vran \- _____ *ce,* *No* - *ël!* _____ *No* -

vine! _____ O night _____ when Christ was
ël! _____ *chan* - *tons* _____ *le Ré* - *demp* -

cresc.

born, _____ O night _____ di -
teur, _____ *No* - *ël!* _____ *No* -

cresc.

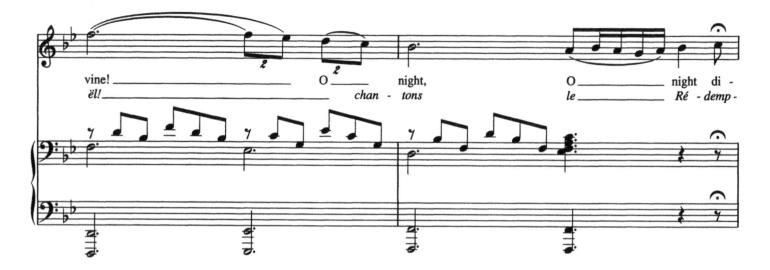

vine! _____ O _____ night, O _____ night di -
ël! _____ chan - tons le _____ Ré - demp -

vine!
teur.

f

ff

dim. e rit.

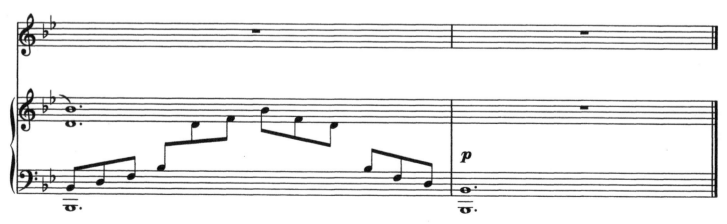

p

O Holy Night
(Cantique de Noël)
Piano Solo

ADOLPHE ADAM
Arranged by HANSEL POWELL

Andante maestoso

O Holy Night

(Cantique de Noël)
Organ Solo

U Bb (10) 00 7805 002
L Bb (10) 00 5624 221
P 53

ADOLPHE ADAM
edited for organ by
Janet Klevberg

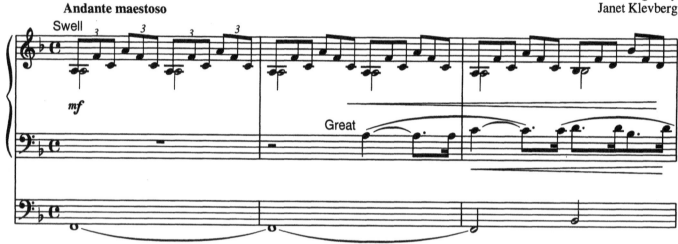

Add Foundation stops

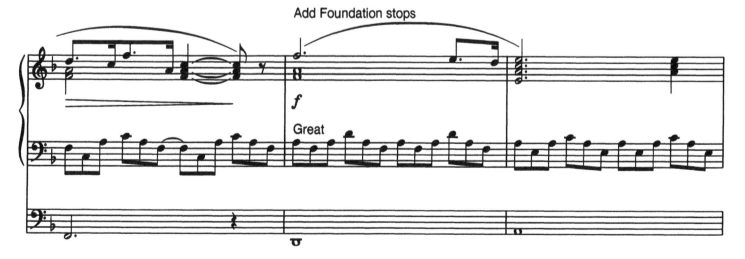

Very broad to the end

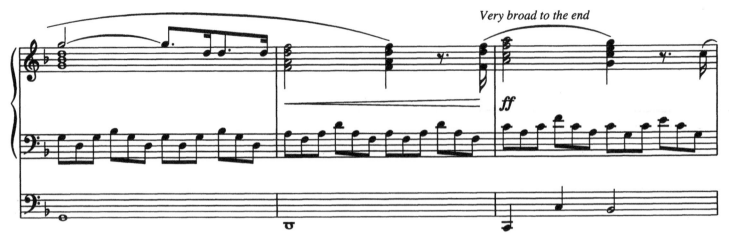